365 Tage
Fischland, Darß und Zingst

Georg Jung

365 Tage Fischland, Darß und Zingst

Ellert & Richter Verlag

Wo de Ostseewellen trecken an den Strand …

Ein Frühsommertag am weiten, flachen Strand in der Prerower Bucht. Vom Himmel strahlt ein helles Licht, die Badesaison hat noch nicht wirklich begonnen, doch schon kuscheln sich die ersten sonnenhungrigen Urlauber in ihre Strandkörbe und lauschen dem beruhigenden Takt eines sanften Wellenschlags. Anders die Stimmung am Darßer Weststrand. Wild schäumt die Brandung gegen das Ufer. Entwurzelte und umgestürzte Bäume, die ihr totes Gezweig geisterhaft in die Höhe strecken, stemmen sich gegen das Meer wie in einem nie enden wollenden Kampf. Dann wieder zieht sich kilometerlang ein feinsandiger weißer Strand hin von paradiesischer Ursprünglichkeit, begleitet vom Auf und Ab eines langgezogenen Dünenstreifens, hinter dem der Darßer Wald emporsteigt. An manchen Stellen reichen vom Wind verzauste Buchen und Kiefern bis an den Spülsaum, wo sich Lach- und Silbermöwen um die angeschwemmte Nahrung streiten.

Szenenwechsel: Morgenstimmung im Althäger Hafen. Der Bodden liegt ruhig, dunkel glänzend wie Aalhaut. Kein Wind, keine Strömung zerreißt den matt blinkenden Spiegel des Wassers. Farbig angestrichene Bootshäuser flankieren die Ausfahrt zur einen, graugelb schimmert ein Schilfgürtel auf der gegenüberliegenden Seite. Ein Zeesenboot mit braunem Segel, das früher einmal seinen Dienst als Fischereifahrzeug verrichtete, hat an der Ufermauer festgemacht und wartet auf Frühaufsteher, die Lust auf einen Boddentörn haben.

Ein anderes Motiv zeigt die Boddenufer bei Zingst im Gegenlicht der aufgehenden Sonne. Die Frühnebel haben sich verflüchtigt, nur einige hauchdünne Dunstschleier streichen über das Wasser und verfangen sich im Dickicht des Röhrichts. Darüber spannt sich ein hoher Himmel, der sich noch nicht ganz von seinem Nachtdunkel gelöst hat. Hoch oben zieht ein Trupp Kraniche vorüber, sechs pechschwarze Silhouetten. Sie kommen von ihren Rast- und Schlafplätzen in den Windwatten östlich von Zingst und nehmen Kurs auf die Festlandküste, wo sie auf den Wiesen und Brachen nach Nahrung suchen. Wer das einmal vor Ort erlebt hat, wird sich beim Betrachten des Bildes an die trompetenden Laute erinnern, die die „Vögel des Glücks", wie sie auch genannt werden, in den jungen Morgen ausstoßen. Die zweimal im Jahr stattfindende Kranichrast in der Vorpommerschen Boddenlandschaft ist eine Attraktion, die immer wieder fasziniert und zahlreiche Besucher anlockt.

Und wer könnte sich im Darßer Wald dem Zauber der Erlenbrüche mit ihren Moortümpeln entziehen oder der goldenen Stille, mit der der Herbst Vergänglichkeit spürbar macht? Dort, wo keine forstwirtschaftlichen Eingriffe mehr vorgenommen werden, dürfen die Bäume wachsen wie sie wollen, und wenn sie gefallen sind und langsam faulen, überlässt man ihr weiteres Schicksal der Natur.

Die hier beschriebenen Motive sind nur einige Beispiele aus einem Bilderbogen, der sich in diesem Buch über 365 Tage spannt und der einen Einblick in die bezaubernde Vielfalt der Ostseeküste gewährt, die sich in dieser Region auf kleinem Raum zu einem abwechslungsreichen Landschaftsmosaik zusammenfügt.

Die Halbinsel Fischland, Darß und Zingst, dieser schmale Landstreifen zwischen Meer und Bodden, gehört zu den wertvollsten Naturlandschaften; ihre der Ostsee zugewandte Küste ist eine der schönsten. Sie ist zwar nicht die Copacabana, nicht einmal vergleichbar mit ihr, und doch wurde der 13 Kilometer lange Darßer Weststrand in einer Sendung des deutsch-französischen Fernsehsenders ARTE zusammen mit dem berühmten Strand von Rio de Janeiro – zwar aus anderen Gründen – in die Reihe der 20 markantesten Strände der Welt gestellt. Denn hier kann man das einzigartige Naturschauspiel der Küstengestaltung, den Prozess vom ewigen Werden und Vergehen beobachten. Nirgends verschieben sich die Grenzen zwischen Wasser und Land in so kurzer Zeit wie im Gebiet des Nationalparks Vorpommersche Boddenlandschaft. Jährlich wächst der Darßer Ort, dort wo der Leuchtturm steht, acht bis zehn Meter weit ins Meer hinaus. Ähnlich vollzieht sich dieser Prozess im Gebiet zwischen Zingst und Hiddensee. Der Landgewinnung stehen aber an anderer Stelle gewaltige Einbußen gegenüber. Denn das „Baumaterial" stammt zum großen Teil von der Fischländer und Darßer Westküste, wo die Wucht des Meeres bei jedem Sturm gewaltige Wasserberge gegen das Kliff wirft, die Ufer aushöhlt und Stück für Stück abträgt. Dadurch gestaltet sich die Küste immer wieder neu und es entsteht dort der Eindruck, als habe die Schöpfung gerade erst begonnen.

Es waren kunstsinnige Menschen, allen voran Landschaftsmaler, die Ende des 19. Jahrhunderts mit ihren Werken auf den urtümlichen Reiz dieser Region erstmals aufmerksam machten. Damals hatte man in Berlin oder Hamburg kaum einen blassen Schimmer von der zwischen Meer und Bodden gelegenen Halbinsel, obwohl umgekehrt die Fischländer, Darßer und Zingster als seefahrendes Volk schon Jahrzehnte zuvor weit über die Grenzen ihrer Heimat hinausgeschaut hatten.

Es war im Spätsommer 1889, als der Maler Paul Müller-Kaempff während einer Wanderung am Fischländer Hohen Ufer zufällig auf Ahrenshoop stieß. „Wir blickten überrascht und entzückt auf dieses Bild des Friedens und der Einsamkeit", so erinnerte er sich. „Kein Mensch war zu sehen, die altersgrauen Rohrdächer, die grauen Weiden und grauen Dünen gaben dem ganzen Bilde einen Zug tiefsten Ernstes und vollkommener Unberührtheit. ... Nirgends ein Haus: Dünen, Wald und See, in der Ferne die dunkle Linie des Darß." Ein paar Jahre später hatte sich der Maler dort ein eigenes Häuschen mit Atelier gebaut. Es war die Geburtsstunde der Ahrenshooper Künstlerkolonie. Noch heute gehört der Blick vom Hohen Ufer mit dem rohrgedeckten Haus, das sich unter einer Gruppe Pappeln in den Dünen duckt, zu den malerischsten und am häufigsten dargestellten Motiven der Ostseeküste. Ein anderer Künstler, der sich noch früher von der romantischen Schönheit dieser Region inspirieren ließ, war Louis Douzette, den man wegen seiner Mondscheinbilder als den „Magier der Nacht" bezeichnet. Er kam vom östlich gelegenen Barth auf die Halbinsel und gilt als künstlerischer Entdecker vor allem der Darßlandschaft.

Nicht lange blieb das entlegene Fleckchen Erde ein Rückzugswinkel großstadtmüder Künstler. Bald kamen andere Gäste, Erholungssuchende, Naturliebhaber und Badeurlauber. Doch im Gegensatz zu Usedom und Rügen, die sich damals schon in feudalem Glanz sonnten, vollzog sich auf Fischland, Darß und Zingst die Entwicklung des Fremdenverkehrs in kleinen Schritten. „Hier ist es wundervoll, kein Telefon, keine Verpflichtung, absolute Ruhe", schrieb Albert Einstein 1918 aus Ahrenshoop. Auch heute noch strahlen die kleinen Badeorte etwas von jener Ruhe aus, die die Künstler damals gesucht hatten. Sie sind sich ihrer Vergangenheit als Bauern- und Fischerdörfer bewusst und pflegen insbesondere die Erinnerung an die Epoche der Windjammer, in der die Fischländer, Darßer und Zingster die Weltmeere befuhren und das vielleicht ruhmreichste Kapitel in ihrer Geschichte geschrieben haben. Immer noch spürt man den Glanz dieser glücklichen Zeit in den hübschen Orten mit ihren gepflegten Schifferhäusern und den geschnitzten, bunt bemalten Türen. Auch die kleinen Museen in Prerow, Zingst und Barth erinnern mit Kapitänsbildern, Schiffsmodellen und vielen maritimen Gegenständen daran und zeigen, wie die Menschen damals gelebt haben. In dem Bemühen, das Flair dieser kleinen Welt mit seiner großartigen Natur zu erhalten und zu schützen, sind sich auf Fischland, Darß und Zingst alle einig.

1. Januar

Tür des Kunstkatens in Ahrenshoop
Darßer Weststrand auf Höhe der Rehberge. Im milden Spätnachmittagslicht eines Wintertags liegt ein Hauch von Melancholie über diesem Küstenstrich.

2. Januar

3. Januar

Außenwandmalerei im Museumshof von Zingst nach einer Flurskizze der schwedischen Landesaufnahme aus dem Jahr 1696

Geometrische Delineation
anno 1696
Rothen haus
Hans hagen
Phalen
Der Strohm
Der Kirr
Pha len wiese

4. Januar

5. Januar

Ursprünglich als Nebelstation gebaut, ist das Leuchtfeuer südlich von Wustrow für die Sicherheit des Schiffsverkehrs wichtig. Vor diesem Küstenabschnitt war es in der Vergangenheit häufiger zu Schiffsstrandungen gekommen.

6. Januar

7. Januar

Die Dorfkirche von Born ist ein reetgedeckter Holzbau, der nach einem Entwurf von Bernhard Hopp 1934/35 errichtet wurde.

WAS DER MENSCH SAT, DAS WIRD ER ERNTEN! GAL 6,7

8. Januar

9. Januar

Die Dünen schneebedeckt, der Spülsaum mit einer Eiskruste überzogen, das Meer kältestarrend. Wer könnte dabei an Badespaß denken? Im Winter aber gehört ein solches Motiv zu den faszinierenden Erlebnissen an der Darßer Küste.

10. Januar

11. Januar

Im Rahmen der Ausstellung zur Geschichte der heimischen Segelschifffahrt zeigt das Darß-Museum von Prerow das Schiffsbild „Carl von Stralsund“ des pommerschen Malers August Laschke, vormals Lasczky.

P 40
CARL.

12. Januar

13. Januar

Das Dornenhaus in Ahrenshoop – um 1660 gebaut – war schon zur Zeit der Künstlerkolonie bei Malern ein begehrtes Motiv. Mit einem vielseitigen kulturellen Angebot, den Ausstellungen und der Keramik-Werkstatt zieht es auch heute viel Publikum an.

14. Januar

15. Januar

Die „Baltic Star“ hat im kleinen Hafen von Zingst festgemacht. Das Fahrgastschiff ist zwar mit einem Schaufelrad ausgerüstet, wird aber von einer Schiffsschraube angetrieben.

BALTIC STAR

16. Januar

17. Januar

Die Schalen der fein gerippten Herz- und der rötlichen Plattmuschel werden von Strandgängern gern gesammelt.

18. Januar

19. Januar

Abendliches Farbenspiel an der Kliffküste des Fischlands. Das Hohe Ufer erstreckt sich von der Wustrower Seebrücke bis zum Ahrenshooper Grenzweg.

20. Januar

21. Januar

Ein Bild wie ein Wintermärchen aus dem Mittelalter: das im 15. Jahrhundert errichtete Rostocker Tor in der Bernsteinstadt Ribnitz-Damgarten

1905 1988

22. Januar

23. Januar

Wertvollstes Ausstellungsstück des Niederdeutschen Bibelzentrums St. Jürgen in Barth ist die zwischen 1584 und 1588 gedruckte Barther Bibel, der ein eigener Raum gewidmet ist.

Biblia
Dat is:
De gantze hil-
lige Schrifft/Düdesch.
D. Mart. Luth.
Barth.

24. Januar

25. Januar

Blick vom Kirchturm in Wustrow über den Hafen auf den Ortsteil Barnstorf. Dort stehen die „schönsten Bauerngehöfte des Fischlands", schrieb die Heimatschriftstellerin Käthe Miethe.

26. Januar

27. Januar

Englisches Steingutgeschirr, das Seeleute von ihren Reisen mitgebracht hatten, wird im Heimatmuseum von Zingst dekorativ zur Schau gestellt.

28. Januar

29. Januar

Die Uferzonen der Boddengewässer sind geprägt von ausgedehnten Schilfflächen. Hier haben zahlreiche Vogelarten ihre Kinderstube.

30. Januar

31. Januar

Ausschnitt der Wandvertäfelungen des berühmten Bernsteinzimmers in einer Glasinstallation des Bernsteinmuseums von Ribnitz-Damgarten. Das seit dem Zweiten Weltkrieg verschollene Original war ursprünglich im Berliner Stadtschloss eingebaut und wurde vom preußischen König Friedrich Wilhelm I. 1716 dem russischen Zaren Peter dem Großen geschenkt.

I. Februar

Darßer Tür in Prerow

Winterabend am Fischerstrand von Zingst. Nach mehreren Frostnächten hat sich auf dem Wasser eine dünne, aber noch lückenhafte Eisschicht gebildet.

2. Februar

3. Februar

Ausstellungsobjekt im Bernsteinmuseum von Ribnitz-Damgarten. Das zehn Zentimeter große Bernsteinpferdchen ist die Nachbildung eines etwa 5000 Jahre alten Fundes, der 1858 im pommerschen Woldenberg (heute Dobiegniew) gemacht wurde.

4. Februar

5. Februar

Ein entwurzelter Baum – nur noch Totholz. Mit seinem filigranen, in den Himmel gestreckten Geäst wird er noch viele weitere Jahre am Strand unweit des Darßer Orts ein bizarres Bild abgeben.

6. Februar

7. Februar

Ein Ölgemälde im Heimatmuseum von Zingst zeigt den deutschen Großsegler „Susanna“. Das Schiff wurde durch eine legendäre Kap-Hoorn-Umrundung bekannt, für die es im Jahr 1905 aufgrund extremer Wetterunbilden und ungünstiger Winde volle 99 Tage brauchte.

8. Februar

9. Februar

Ein Gefühl von Schutz und Geborgenheit vermittelt die Innenarchitektur der Schifferkirche von Ahrenshoop, die an ein kieloben liegendes Boot erinnert.

Ich bin
der

10. Februar

11. Februar

Haus in Ahrenshoop. Hier wohnte und arbeitete der Maler und Grafiker Georg Hülsse (1914–1996).

12. Februar

13. Februar

Blick auf die Insel Bock. Sie liegt zwischen der Halbinsel Zingst und Hiddensee und entstand durch Aufspülen von Sand, der aus der Fahrrinne des Gellenstroms stammt. Sie ist unbewohnt und gehört zur Kernzone des Nationalparks Vorpommersche Boddenlandschaft.

14. Februar

15. Februar

Modelle von Segelschiffen im Heimatmuseum von Zingst, die in die Geschichte eingingen: links die „Bounty“, in der Mitte der Tee- und Wollklipper „Cutty Sark“ und rechts die „Endeavour“, mit der James Cook zwischen 1768 und 1771 seine erste Entdeckungsreise unternommen hat

VOLHARDING

16. Februar

17. Februar

Die neugotische Backsteinkirche von Wustrow steht auf einem heiligen Hügel, wo zur Zeit der slawischen Wenden die damalige Bevölkerung einer ihrer Gottheiten huldigte. Swante Wustrowe – Heilige Insel – wurde der Ort genannt.

30
ZONE
ZONE

18. Februar

19. Februar

Stadtansicht von Barth Ende des 16. Jahrhunderts. Kolorierter Kupferstich von Braun & Hogenberg
Georg Braun (1541–1622), Frans Hogenberg (1535–1590)

Daß Fürstlich Haus
Wagen haus
Der klein lustgarte
Hunde strosse
Bat stüber stroß
Fischer stros
Der Marckt
Rhothauß
Die Kirche
Lange strosse
Heiliger Geist
Baw strosse
Dam strosse

20. Februar

21. Februar

Die in Fachwerk oder Backstein errichteten Häuser in der Neuen Straße von Wustrow mit den rohrgedeckten Krüppelwalmdächern repräsentieren die heimische Tradition des Hausbaus.

22. Februar

23. Februar

Ein Ausstellungsraum im Darß-Museum von Prerow ist der Fischerei gewidmet, die neben der Seefahrt und einigen anderen Wirtschaftszweigen zum Auskommen der hiesigen Bevölkerung einen wichtigen Beitrag leistete.

24. Februar

25. Februar

„Goldfieber“ am Strand von Prerow. Unter bestimmten Wind- und Strömungsverhältnissen lohnt es sich, im angeschwemmten Strandgut nach Bernstein zu suchen, dem Gold der Ostsee. (Foto von René Roloff, Prerow)

26. Februar

27. Februar

Was das Meer an Land spült: Es gehört aber schon etwas Glück dazu, ein Stück Bernstein wie dieses zu finden. (Foto von René Roloff, Prerow)

28. Februar

29. Februar

Der Ahrenshooper Strand in den monochromen Farben des Winters: Häuser, Strand und Meer verschmelzen zu einer Einheit.

1. März

Türen im Darßer Stil zeichnen sich durch fantasievolle Gestaltung aus.
Bootshäuser an der Einfahrt zum Althäger Hafen. Noch liegt die Morgenstille über dem Boddensee. Kein Wind, kein entferntes Boot – nichts, was den metallisch glänzenden Spiegel des Wassers zerreißt.

2. März

3. März

Sie schauen aus dem Fenster, sitzen in der Wohnstube in Vitrinen, auf der Kommode oder an dem Ort, der ihnen den Namen gegeben hat: die Kaminhunde aus Steingut. Ursprünglich stammten sie aus England und gehörten zu den Kuriositäten, die Seeleute von ihren Reisen mit nach Hause gebracht haben.

4. März

5. März

Detail des spätbarocken Kanzelaltars von 1728 in der Seemannskirche von Prerow. Die Gestalten links und rechts der Kanzelbrüstung stellen Moses mit der Gesetzestafel und Aaron dar.

I
II
III
IV
V
VI
VII
VIII
IX
X

6. März

7. März

Darßer Weststrand. Wo heute Urlauber baden, sich sonnen und dem Wellenschlag lauschen, war vor ein paar Tausend Jahren nur das Rauschen des Waldes zu hören und das Meeresufer noch weit entfernt.

8. März

9. März

Im Ökosystem der Boddengewässer spielen die Schilfflächen als Produzent großer Mengen Biomasse eine wichtige Rolle. Ihre Stabilität ist vom Salzgehalt des Wassers abhängig. Je süßer es ist, desto dicker sind die Halme.

10. März

11. März

Das Ölgemälde „Holländermühle mit der Ansicht auf Barth" ist eines der Werke von Louis Douzette (1834–1924), die das Vineta-Museum in Barth als Dauerleihgabe erworben hat.

12. März

13. März

Sonnenaufgang über dem Barther Bodden. Im Hintergrund die Vogelinsel Oie

14. März

15. März

Morgendlicher Ausritt am Darßer Weststrand. Im aufspritzenden Wasser dahinfliegen, die würzige Seeluft im Gesicht spüren und nichts als das Wellenrauschen hören – was für ein Vergnügen.

16. März

17. März

Am Darßer Ort werden die verschiedenen Entwicklungsstadien der Dünen – der Übergang von Primär- zu Weiß-, Grau- und Braundünen – sichtbar. Was hier wächst, muss besonders widerstandsfähig sein und hat deshalb ein tief reichendes und weit verzweigtes Wurzelwerk.

18. März

19. März

Ein stiller Winkel im Darß-Museum von Prerow. Hier lässt es sich in die Vergangenheit zurückträumen, als Fischerei und Seefahrt das Leben der Menschen in dieser Region bestimmten.

20. März

21. März

Zur nächsten Ausfahrt bereit: Fischerboot am Strand von Zingst. Als Wirtschaftsfaktor aber hat der Fischfang hier seine Bedeutung verloren.

ZID-004

22. März

23. März

Ein weit nach vorn gestreckter Hals und lange Beine, die den kurzen Schwanz deutlich überragen: So ist der Kranich im Flug zu erkennen.

24. März

25. März

Schilfinseln, Lagunen, Sandbänke und Seen: Das Gebiet des Darßer Orts, der nördlichste Zipfel der Halbinsel Fischland, Darß und Zingst, gewährt einen Blick in die Schöpferwerkstatt der Natur.

26. März

27. März

Darßer Weststrand. Hier reichen die Wälder bis an den Dünensaum. Bei jedem Sturm trotzen die windgebeugten Buchen den anbrandenden Wellen. Doch letztendlich unterliegen sie im Kampf mit der Naturgewalt.

28. März

29. März

Eine Bronzetaufe aus dem 14. Jahrhundert schmückt den Innenraum der St.-Marien-Kirche in Barth. Die Reliefs der Kesselwandung stellen Apostel- und Heiligenfiguren sowie Szenen der biblischen Geschichte dar.

30. März

31. März

Eine stille Bucht am Bodstedter Bodden bei Wieck, im Hintergrund zeichnet sich die Festlandküste als dünne Linie ab. Die Ufer dieser vom Meer abgetrennten Gewässer sind fast vollständig mit Schilf bewachsen. Seine Wurzelstöcke können bis zu eintausend Jahre alt werden.

1. April

Darßer Tür in Prerow
Zwischen Boddensee, Wald und Wiesen liegt die idyllische Darßer Ortschaft Wieck. Gern besucht ist der kleine Hafen, wo Zeesenboote zu einem Ausflug auf dem Wasser einladen.

2. April

3. April

Seite aus einem historischen Logbuch von 1884, ausgestellt im Darß-Museum von Prerow. Solche Aufzeichnungen über Kurs, Wind und Wetter wie auch alle Ereignisse an Bord sind verbindlich und werden bei Bedarf als Beweismittel herangezogen.

Journal des Schiffes *Irene* von *Liverpool* nach *Buenos Ayres*.
18*84*. Captn *Ed. Schaumberg*.

[illegible]	St.	Gest. Curs	Abt.	Gez. Curs	Dist.	Wind u. Wetter	Begebenheiten.
[illegible]meter	1						Alle Segel bis auf den leichten bei-
	2						gesetzt [illegible]
	3						[illegible]
29,7	4	SW.	0	SW.	24,0	Nord.	[illegible]
	5						[illegible]
	6						[illegible]
	7						[illegible]
5,8	8	"	"	"	22,0	NNW.	Wind u. Wetter dasselbe, [illegible]
	9						[illegible] das Wasser ab.
	10						
	11						
[illegible]	12	SW ½ W	"	SW ½ W	20,0	NWzN	frische Brise, [illegible]
[illegible]	1						[illegible] alle Segel bei
	2						
	3						
7,0	4	"	–	–	12,0	–	flau
	5						
	6						
	7						
7,6	8	"	"	"	10,0	NW [illegible] flau, klare Luft [illegible]	
	9						
	10						
	11						
8,0	12	"	"	"	2,0	"	still

[illegible] Curs S. 42° W. Dist. 90,0. [illegible] Lat. 49° 4' N. [illegible] 9° 24' W. [illegible]

[illegible] 24° W. [illegible] 1° 22' [illegible] 8° 0' 57' W.

[illegible] S. 24° W. [illegible] 36,0 Lat. 47° 22' [illegible] 10° 18' W.

[illegible] 47° 36' N. [illegible] 10° 52' W.

4. April

5. April

Bevor sich Ahrenshoop gegen Ende des 19. Jahrhunderts zu einem Seebad entwickelte, gehörte neben der Fischerei und Schifffahrt auch die Landwirtschaft zu den Erwerbsquellen. Wiesenflächen und ehemalige Bauerngehöfte wie zum Beispiel im Ortsteil Althagen erinnern heute daran.

6. April

7. April

Die Seebrücke in Zingst. Wer sie für sich alleine haben möchte, muss sie in den frühen Morgenstunden aufsuchen. Im Vordergrund die Holzplastik „Spuren“ von Roland Lindner.

8. April

9. April

Die dreischiffige Hallenkirche St. Marien in Ribnitz-Damgarten geht auf einen Ursprungsbau aus dem 13./14. Jahrhundert zurück.
Durch Brandschäden mehrmals neu errichtet und umgebaut, vereinigt sie heute verschiedene Baustile.

10. April

11. April

In den frühen Morgenstunden, wenn noch ein zarter Nebelschleier über den Boddenwiesen liegt, wirkt die Landschaft wie hingehaucht – nur für einen flüchtigen Augenblick.

12. April

13. April

Ein unvergessliches Erlebnis ist es, Kraniche zu beobachten, wenn sie bei Sonnenauf- oder -untergang mit weithin hörbaren Stimmen und in der für sie typischen keilförmigen Formation über die Boddenküste fliegen.

14. April

15. April

Hafen von Dierhagen am Saaler Bodden. Wie man ihn vom Wasser aus findet? Ganz einfach: „Ab Tonne R75/D1 Ribnitzer Fahrwasser mit Kurs 260 Grad“, heißt es im Fachjargon der Segler.

PERMIN

16. April

17. April

Das Vineta-Museum in Barth hat sich mit hochwertigen Sammlungen, Exponaten und Sonderausstellungen zu einem kulturellen Mittelpunkt der Stadt entwickelt. Auch das überwölbte Kellergeschoss des denkmalgeschützten, um 1780 gebauten Hauses ist in den musealen Bereich mit einbezogen.

18. April

19. April

Auf dem Weg zum Darßer Weststrand: Plötzlich lichtet sich der Wald, noch fern klingt das Rauschen der Brandung, man sieht ein paar vereinzelt stehende, vom Wind gebeugte Kiefern und Buchen, dahinter einen Dünenwall, und dann ist der Blick frei auf das Blau der Ostsee.

20. April

21. April

Marktplatz der Vinetastadt Barth. Im Blickfeld steht der 1953 bis 1959 gebaute Marktbrunnen, der sein Wasser aus drei Fischen – ein Motiv, das dem Stadtwappen entlehnt ist – sprudeln lässt.

BARTHER FISCHER
TRAKTOREN
GEBOREN
IN DER GENOSSENSCHAFT

22. April

23. April

Im April leuchten die Hänge des Schifferbergs von Ahrenshoop gelb. Schön für das Auge, aber die Ausbreitung des Löwenzahns ist ein Hinweis darauf, dass die Wiesen mit Stickstoff überdüngt sind.

24. April

25. April

Die Kliffranddünen an der Abbruchkante des etwa 18 Meter hohen Fischländer Steilufers gehören zu den außergewöhnlichen Naturerscheinungen der Halbinsel.

26. April

27. April

Flanieren über dem Wasser: 240 Meter lang ist die 1992/93 gebaute Seebrücke von Wustrow. Sie ruht auf einer Stahlkonstruktion und dürfte den Naturgewalten eher trotzen als es ihr Vorgängerbau aus Holz von 1886 vermochte.

28. April

29. April

Das Fischlandhaus in Wustrow ist eine ehemalige Büdnerei, die vor mehr als 250 Jahren gebaut wurde, und ein anschauliches Beispiel für die heimische Tradition des Hausbaus. Heute wird es als Gemeindebibliothek sowie als Galerie mit wechselnden Ausstellungen genutzt.

Fischlandhaus
38
Galerie
DEBIBLIOTHEK

30. April

Der Radwanderweg auf dem Hochwasserschutzdeich zwischen Ahrenshoop und Niehagen führt am verschilften Boddenufer entlang. Der Weg ist ein Abschnitt des Europäischen Radwegs E9, der vom Atlantik bis zur Nordspitze Rügens reicht.

1. Mai

Klare geometrische Formen schmücken diese Tür aus dem 19. Jahrhundert im Museumshof von Zingst.
Im Mittelpunkt des Badelebens von Prerow steht die 394 Meter lange Seebrücke. Auf ihr zu bummeln kommt einer kleinen Seereise gleich.

2. Mai

3. Mai

Mitten durch den Darßer Wald, entlang des Mecklenburger Wegs, verläuft eine bis zu acht Meter hohe Geländestufe. Dieser Absatz war vor einigen Tausend Jahren das Kliff des Altdarß, das ehemalige Meeresufer.

4. Mai

5. Mai

Sprung über den Bodden: Zur Entlastung der einspurigen, ursprünglich für den Bahnverkehr gebauten Meiningenbrücke wurde 1980 neben ihr eine Pontonbrücke eingesetzt.

P20

6. Mai

7. Mai

Rapsfeld bei Wustrow. Neben der Seefahrt war in früherer Zeit auf dem Fischland die Bauern-Fischerei ein wichtiger Wirtschaftsfaktor. Heute spielt die Landwirtschaft nur noch eine untergeordnete Rolle.

8. Mai

9. Mai

Mit zunehmender Übersandung und Festigung der Primärdünen entwickeln sich mit der Zeit die mehrere Meter hohen Weißdünen. Für ihren Aufbau und ihre Stabilität spielt neben anderen Pflanzen vor allem der Gewöhnliche Strandhafer eine wichtige Rolle.

10. Mai

11. Mai

Das blaue Haus mit seinem tief heruntergezogenen Reetdach, der geschnitzten Tür und den schmuckvoll verzierten gelben Fensterläden ist eine Zierde im Ostseeheilbad Zingst. Es steht inmitten eines liebevoll gestalteten Gartens, dessen überbordende Blütenpracht immer wieder die Blicke auf sich zieht.

12. Mai

13. Mai

Am Eingangstor zum Fischland liegt das Dünendorf Neuhaus, ein Ortsteil von Dierhagen. Blick auf das Strandhotel „Dünenmeer“

28
29
27
21
19
25

14. Mai

15. Mai

Nichts als braune Segel: Schon am Vorabend der Althäger Zeesenbootregatta ist der kleine Boddenhafen vollständig mit den schönen Traditionsbooten ausgefüllt.

16. Mai

17. Mai

Die kleine Insel Oie im Barther Bodden ist ein Vogelparadies. Hier brüten bis zu 25 verschiedene Arten, darunter Austernfischer, Säbelschnäbler, Lach- und Silbermöwen, Brand- und Flussseeschwalben.

18. Mai

19. Mai

Blick auf die Kirche des ehemaligen, 1323 gegründeten Klarissenklosters in Ribnitz-Damgarten. Sie ist der einzige noch erhaltene Bau der mittelalterlichen Anlage.

20. Mai

21. Mai

Viele Wege im Darßer Wald enden am wildromantischen Küstenabschnitt des Weststrands.

22. Mai

23. Mai

Die neugotische Peter-Pauls-Kirche wurde 1862 unter Mitwirkung des Schinkelschülers Friedrich August Stüler gebaut. Besonderes architektonisches Merkmal sind die mit Blendfenstern gegliederten Staffelgiebel an der Front- und Chorseite.

24. Mai

25. Mai

Die Hafenausfahrt von Wustrow führt zunächst in eine flache Bucht des Saaler Boddens, die Permin heißt. Der Name bezeichnet jene Stelle zwischen Bodden und Ostsee, die in früherer Zeit ein schiffbarer Mündungsarm der Recknitz war. Urkunden zufolge lag dort im 14. Jahrhundert ein bedeutender Hafen.

26. Mai

27. Mai

Ahrenshoop in den Farben des Frühlings: Besonders in den Ortsteilen Alt- und Niehagen sind jetzt die Gärten in ein Blütenmeer getaucht.

28. Mai

29. Mai

Ahrenshoop liegt auf einem schmalen Landstreifen zwischen Ostsee und Saaler Bodden, im Nordosten begrenzt vom Darßer Wald und im Südwesten von den Feldern des Fischlands. Reetgedeckte Dächer prägen das Bild der Ortschaft und verleihen ihr einen besonderen Charme.

30. Mai

31. Mai

Der Kunstkaten von Ahrenshoop wurde 1909 von den Malern Paul Müller-Kaempff und Theobald Schorn gegründet, um Künstlern vor Ort eine Ausstellungsmöglichkeit zu verschaffen.

Kunstkaten

1. Juni

Reich ornamentierte Tür aus dem 19. Jahrhundert im Museumshof von Zingst
Frühjahrsspaziergang über die Felder von Niehagen zum Hohen Ufer auf der Halbinsel Fischland

2. Juni

3. Juni

Blütenrausch im Rhododendronpark von Graal-Müritz. Die vom Rostocker Gartenarchitekten Friedrich-Carl Evert zwischen 1955–1961 geschaffene Anlage ist eine der größten und schönsten Deutschlands.

4. Juni

5. Juni

„Wir blickten überrascht und entzückt auf dieses Bild des Friedens", schrieb der Maler Paul Müller-Kaempff, als er 1889 diese Aussicht vom Hohen Ufer auf Ahrenshoop entdeckte.

6. Juni

7. Juni

Blick zum Chor der Peter-Pauls-Kirche von Zingst. Hier predigte am 6. Juni 1935 während der Zeit des Nationalsozialismus der Theologe Dietrich Bonhoeffer.

8. Juni

9. Juni

Verwunschener Winkel in den Waldungen des Neudarß: Märchenhaft erscheinen die Erlenbrüche und moorigen Tümpel, in denen Teichmolche und Moorfrösche ihren Lebensraum haben.

10. Juni

11. Juni

Der Schaufelraddampfer „River Star“ bringt einen Hauch nostalgischer Mississippi-Romantik auf den Prerower Strom. Er wurde getreu nach amerikanischen Vorbildern gebaut.

RIVER STAR
RIVER STAR

12. Juni

13. Juni

Beliebtes Ausflugsziel ist der 35 Meter hohe Leuchtturm am Darßer Ort. Bei klarem Wetter gewährt er von seiner Aussichtsplattform einen faszinierenden Blick auf die Darßlandschaft, auch Hiddensee und Dänemark sind zu erkennen.

14. Juni

15. Juni

Einladend: Durch diese Tür hinter blühendem Klatschmohn möchte man gerne eintreten. Sie führt in das „Haus Morgensonne“, das Heimatmuseum von Zingst.

16. Juni

17. Juni

Blick von der Hohen Düne bei Pramort auf den weiten, besucherfreien Strand, der sich bis ans Ende der Welt zu erstrecken scheint. Hier im streng geschützten Bereich des Nationalparks Vorpommersche Boddenlandschaft bleibt die Natur sich selbst überlassen.

18. Juni

19. Juni

Alles im Blick: Auf einer Skulptur von Roland Lindner hat diese Lachmöwe vorübergehend Platz genommen und beobachtet aufmerksam das Treiben auf der Seebrücke von Zingst.

20. Juni

21. Juni

Faszinierende Lichtstimmung am Barther Bodden: Kurz nachdem die Sonne hinter der Festlandküste aufgestiegen ist, scheint der Himmel für kurze Zeit in Flammen zu stehen.

22. Juni

23. Juni

Ein Haus in Prerow: Rankendes Weinlaub, Blumen und eine farbenfroh gestaltete Tür lassen auf behagliches Wohnen schließen.

24. Juni

25. Juni

Der Geröll- und Blockstrand mag die Wucht der anrollenden Wellen zwar mildern, kann es aber nicht verhindern, dass das Meer beständig an der Fischländer Küste nagt und Jahr für Jahr ein Stück aus dem Hohen Ufer herausreißt.

26. Juni

27. Juni

Im Mittelpunkt des Niederdeutschen Bibelzentrums St. Jürgen in Barth steht das „Buch der Bücher“: Neben der berühmten Barther Bibel werden in den Ausstellungsräumen aber noch etliche andere historische Kostbarkeiten aus dem 14., 16. und 17. Jahrhundert gezeigt, darunter eine plattdeutsche, vorreformatorische Bibel von 1522.

Kercken
Ordeninge des
gantzen Pamerlandes /
Dorch de Hochgebaren Försten vnd
Heren / Heren Barnym vnde Phi-
lips / beyde geuedderen / vp
dem landdage tho Trep-
tow / tho eeren dem
hilligen Eu-
angelio /
besta
ten.
Dorch Doc. Joannem Bugenhagen.
1 5 3 5.
D.PAULUS EBERUS.

28. Juni

29. Juni

Die entwässerten Flächen der Sundischen Wiese im Osten der Halbinsel Zingst werden als Weidegebiet landwirtschaftlich genutzt. Der Name bezieht sich auf die Hansestadt Stralsund, der einst das Gebiet angegliedert war.

30. Juni

Der fünf Kilometer lange und bis zu einhundert Meter feinsandige und leicht zum Wasser hin abfallende Strand von Prerow ist ein wunderbares Geschenk der Natur und das wertvollste Kapital des beliebten Ostseebads.

WJ05

1. Juli

Darßer Tür in Prerow

Die Tischlerei Roloff in Prerow ist die älteste auf dem Darß und seit 1832 in Familienbesitz. In 6. Generation sind hier die Brüder René und Dirk (im Bild) Roloff tätig. Aus ihrer Werkstatt kommen die Darßer Türen mit ihren geschnitzten Motiven und auch andere Kunsttischlerarbeiten wie zum Beispiel Darßer Gartenbänke und Giebelzeichen.

Ananas

2. Juli

3. Juli

Blick von der Seebrücke auf den Strand von Wustrow. Zu seinem Schutz wurde den anbrandenden Wellen ein Bollwerk aus mächtigen Steinen in den Weg gestellt.

4. Juli

5. Juli

Ein verbretterter Fachwerkbau, die Traufenseite der Straße zugewandt, meist farbenfroh angestrichen, und ein reetgedecktes Krüppelwalmdach mit einem Fledermausfenster, an dem der Wind sich nicht fangen kann: Das ist der Haustyp, den man in Born noch häufig findet.

6. Juli

7. Juli

Die Zeesenboote mit ihren braunen Segeln sind in der Boddenlandschaft ein vertrautes Bild. Einst waren sie die Fischereifahrzeuge in den flachen Haffgewässern, heute sind die Traditionsboote überwiegend in privater Hand und nehmen an den jährlich stattfindenden Regatten teil.

FZ 84

8. Juli

9. Juli

Nur noch als Museumsschiff neben dem kleinen Hafen von Zingst zu bestaunen: der Lastensegler „Mona Lisa“. Sein Rumpf besteht aus 45 Millimeter starken Eichenbohlen.

Mona Lisa

10. Juli

11. Juli

Eines der beliebtesten Motive von Landschaftsmalern und Fotografen: der Blick auf das reetgedeckte Haus unter einer Gruppe Pappeln am Grenzweg von Ahrenshoop. Es ist eines der bekanntesten Bilder an der Küste Mecklenburg-Vorpommerns.

12. Juli

13. Juli

Ein Gang durch die Straßen von Born ist wie das Blättern in einem bunten Bilderbuch über die traditionelle Bauweise der Büdner, Fischer oder Seeleute, die einst hier wohnten.

3

14. Juli

15. Juli

Einer von vielen: Bis zu 600 Strandkörbe sind in Zingst während der Badesaison für ein behagliches Strandleben aufgestellt.

16. Juli

17. Juli

Anlässlich des Fotofestivals „Horizonte“ hat die holländische Zweimastbrigg „Aphrodite“ im Hafen von Zingst festgemacht. Im Hintergrund der Ausflugsdampfer „Baltic Star“.

18. Juli

19. Juli

Lachmöwen im Wind: Bei günstiger Thermik demonstrieren die Vögel ihr ganzes flugakrobatisches Können.

20. Juli

21. Juli

Noch bevor die Sonne im Meer versinkt, sind die Logenplätze auf der Seebrücke von Zingst belegt. Das allabendliche Farbenspiel ist für viele Urlauber das abschließende Erlebnis eines schönen Strandtags.

22. Juli

23. Juli

Für die Nachtruhe an die Leine gelegt: die „Baltic Star" im Boddenhafen von Zingst. Die letzten Sonnenstrahlen streifen die Brücke des Schiffs und bringen das falbe Schilf im Hintergrund zum Leuchten.

24. Juli

25. Juli

Mit dem Giebel zur Straße stehend und ein rohrgedecktes Krüppelwalmdach sind charakteristische Merkmale dieser ehemaligen Büdnerei in Wustrow.

26. Juli

27. Juli

Das Hafengelände von Barth. Einer neuerlichen, ernst zu nehmenden Theorie zufolge soll die sagenumwobene, im Meer versunkene Stadt Vineta hier gelegen haben.

SEEBLICK
WERFT RAMMIN BARTH

28. Juli

29. Juli

Küstenlandschaft am Darßer Ort. Auf dem nährstoffarmen Boden der Dünenrücken und unter dem Einfluss von rauen Seewinden wächst zunächst der Dünen-Kiefernwald.

30. Juli

31. Juli

Ein Bild wie aus alten Tagen: Zeesenboote auf dem Saaler Bodden. Die Fischerei mit diesem Schiffstyp ist Ende der 1970er Jahre ausgestorben; heute sieht man die schönen Traditionssegler nur noch im Einsatz für touristische Zwecke, als Freizeitboote oder bei den regelmäßig, in verschiedenen Boddendörfern veranstalteten Zeesenbootregatten.

FZ 84

1. August

Lebensbaum und aufgehende Sonne schmücken diese Tür in Prerow.
In Küstenabschnitten, die durch Abtragung besonders gefährdet sind, versucht man – wie hier bei Ahrenshoop – durch den Bau von Buhnen die Wucht der Brandungswellen zu brechen, um weiteren Strandverlust zu vermeiden.

2. August

3. August

Ein Motiv wie geschaffen für Maler und Fotografen. Der Blick vom Hohen Ufer auf Ahrenshoop und den Darßer Weststrand im Hintergrund gehört zu den schönsten und bekanntesten der südlichen Ostseeküste.

4. August

5. August

Ostseesommer: Buntes Strandleben in Prerow unter einem hohen Himmel, dessen azurblaue Farbe beruhigend, entspannend und kühlend wirkt.

6. August

7. August

Hohe Auszeichnung: Der deutsch-französische Fernsehsender ARTE hat den Darßer Weststrand in die Reihe der 20 bemerkenswertesten Strände der Welt gestellt.

8. August

9. August

In einem ehemaligen Prerower Kapitänshaus ist heute der „Kulturkaten Kiek In“ untergebracht, wo für kulturinteressierte Menschen ein vielseitiges Programm geboten wird, wie Theateraufführungen, Lesungen, Konzerte und Ausstellungen.

10. August

11. August

Sonne, Meer und hell leuchtender Sand, dazu eine sanfte Brise würziger Seeluft – Erholung pur. Der bis zu einhundert Meter breite, sanft abfallende Nordstrand von Prerow liegt geschützt in einer weit ausladenden Bucht und ist einer der schönsten an der Ostseeküste Mecklenburg-Vorpommerns.

12. August

13. August

Bei Pramort reicht der Blick über die Windwatten bis zur Insel Hiddensee. Deutlich erkennbar ist die Erhebung des Dornbuschs, aus der die Spitze des Leuchtturms herausragt.

14. August

15. August

Endlos weit schwingt sich der Strand vom Festland über Neuhaus und Dierhagen zur Halbinsel des Fischlands.

16. August

17. August

An der Permin Bucht des Saaler Boddens am südlichen Ortseingang von Wustrow beginnt das Fischland. Sie markiert nicht nur eine Grenze, sondern auch die schmalste Stelle der Halbinsel. In früherer Zeit bestand hier eine schiffbare Verbindung zwischen der Ostsee und dem Bodden.

18. August

19. August

Zeesenboot im Althäger Hafen. Einst in der Boddenfischerei eingesetzt, wird dieser Bootstyp heutzutage nur noch von Freizeitkapitänen gesegelt.

20. August

21. August

Vom Winde verweht: Besonders auffallend sind die seltsamen Wuchsformen mancher Bäume am Darßer Weststrand, die sich von der vorherrschenden Windrichtung abgewendet haben und wie wehende Fahnen in der Landschaft stehen. Die „Windflüchter", wie man sie nennt, sind ein Wahrzeichen dieser Küste.

22. August

23. August

Ein kleiner Aussichtsturm auf der Hohen Düne bei Prerow ermöglicht einen Blick über den Prerower Strom, der sich mit vielen Schleifen zum Bodstedter Bodden windet. Im Hintergrund ragt aus dem grünen Saum der Festlandküste die Marienkirche von Barth empor.

24. August

25. August

Auf der Seebrücke von Zingst steht eine Frau mit Hut und schaut auf die Weite des Meeres. Roland Lindner, der diese Holzplastik geschaffen hat, nennt das Werk „Hoffnung“.

26. August

27. August

Wendemanöver der MS „Heidi II“ auf dem Prerower Strom. Manche mögen sich noch an dieses Fahrgastschiff der familienbetriebenen Reederei Rasche aus Born erinnern, das von 1970 bis 1991 für Ausflugsfahrten zum Bodstedter Bodden eingesetzt wurde.

HEIDI II

28. August

29. August

270 Meter weit reicht die heutige Seebrücke von Zingst auf das Meer hinaus. Etwas bescheidener gab sich eine Anlage, die hier Anfang des vergangenen Jahrhunderts im Zusammenhang mit einer Familienbadeinrichtung bestanden hatte.

30. August

31. August

Farbenkaleidoskop am Strand von Prerow: Vor dem Hintergrund des grünblau schimmernden Ostseewassers verstärkt sich der Kontrast bunt zusammengestellter Strandkörbe.

Das Spiel- & Freizeitzentrum
möwentreff®
wünscht viel Spaß in Prerow!
77
71
22

1. September

Farbenfroher Blickfang: Tür aus dem 19. Jahrhundert im Museumshof von Zingst
„Wo de Ostseewellen trecken an den Strand“ war die Heimat der Dichterin Martha Müller-Grählert, die in Zingst ihre Kinder- und Jugendjahre verbrachte.

2. September

3. September

Zahlreiche Häuser in Born zeigen noch die traditionelle, landschaftsgebundene Bauweise des einstigen Bauern-, Fischer- und Seefahrerorts.

4. September

5. September

Blick über die Ribnitzer Stadtwiesen auf Wustrow. Der 18 Meter hohe Turm der Dorfkirche ist eine weithin sichtbare Landmarke und diente früher den Seeleuten zur Orientierung.

6. September

7. September

Sonnenuntergang am Fischerstrand von Zingst. Die Buhnenreihen sind nicht nur ein beliebtes Motiv für Fotografen, sie stehen vor allem im Dienst des Küstenschutzes.

8. September

9. September

Der Leuchtturm am Darßer Ort ist einer der ältesten an der Ostseeküste. Sein Leuchtfeuer reicht 17 Seemeilen weit und warnt den Seeverkehr vor den Untiefen der Darßer Schwelle. In den angrenzenden Gebäuden unterhält das Meeresmuseum von Stralsund ein Ausstellungs- und Informationszentrum.

10. September

11. September

Kapitänsbilder und Mitbringsel aus aller Welt gehörten zum unerlässlichen Inventar der guten Stube einer Schifferwohnung. Ausstellungsraum im Heimatmuseum von Zingst

Igelfisch
Garndose aus
…osnuss geschnitzt
MITBRINGSEL VON SEELEUTEN
AUS ALLER WELT

12. September

13. September

Volksfeststimmung herrscht im Althäger Hafen während der jährlich im September stattfindenden Zeesenboot-Regatta. Schon frühzeitig treffen Schaulustige ein, um einen günstigen Beobachtungsplatz zu ergattern. Wenn der Start freigegeben ist, werden die Boote einzeln herausfahren.

FZ9
FZ 75
FZ30
FZ82

14. September

15. September

Votivschiff in der Dorfkirche von Wustrow. Solche Schiffe wurden oft als Dank für die glückliche Heimkehr von einer Seefahrt gestiftet.

16. September

17. September

Im Hafengebiet am Prerower Strom finden Segler geschützte Liegeplätze. Das flussartige Gewässer stellt eine Verbindung zum Bodstedter Bodden her.

Große Boddenrundfahrt

18. September

19. September

Schön wie ein englischer Park: das Küstenhinterland bei Barth in den Farben des Herbstes

20. September

21. September

Östlich von Zingst befindet sich der bedeutendste Kranichrastplatz Mitteleuropas. In der Morgendämmerung brechen die Vögel von dort auf und fliegen zum Festland, wo sie auf den abgeernteten Feldern nach Nahrung suchen. Nach Sonnenuntergang kehren sie wieder zurück. Während der Herbstrast ist das Naturschauspiel von Anfang September bis etwa Mitte November zu beobachten.

22. September

23. September

Die Seemannskirche von Prerow steht weit außerhalb der Ortsmitte inmitten eines Wäldchens auf der Zingster Seite des Prerower Stroms. Sie wurde von 1726 bis 1728 in jener Zeit gebaut, als Darß und Zingst noch zu Schwedisch-Vorpommern gehörten.

24. September

25. September

Die Sonnenuntergänge an der Fischländer Küste sind berühmt. An manchen Abenden, besonders nach Durchzug einer Schlechtwetterfront, verabschiedet sich der Tag mit einem furiosen Feuerwerk am Horizont. Dieses Schauspiel zu beobachten, dafür bietet die Seebrücke von Wustrow die besten Logenplätze.

26. September

27. September

Hier ist die Natur sich selbst überlassen. Blick von einem Beobachtungsturm über die lagunenartigen Seen am Darßer Ort. Hoch am Himmel ziehen Kraniche vorüber, vom warmen Licht der untergehenden Sonne angestrahlt.

28. September

29. September

Die seltsamen Wuchsformen mancher Buchen lassen die einstige Nutzung des Darßer Waldes als Weidewald erkennen.

30. September

Die Orgel von St. Marien in Barth wurde 1821 von Johann Simon und Carl August Buchholz aus der einst bedeutendsten Orgelbauerfamilie Preußens gebaut und hat 42 klingende Stimmen.

1. Oktober

Tür in Prerow mit den traditionellen Darßer Motiven
Unter dem Einfluss der klimatischen Verhältnisse verlagert das Meer die Ufer an der Darßer Westküste Stück für Stück landeinwärts. Bäume, die im vergangenen Jahr noch ihre Schatten auf den Strand warfen, können nach den nächsten Winter- und Frühjahrsstürmen entwurzelt am Strand liegen.

2. Oktober

3. Oktober

Windjammerromantik im Heimatmuseum von Zingst: Zahlreiche Schiffsmodelle erinnern an die Blütezeit der Segelschifffahrt und lassen einen Hauch von großer weiter Welt spüren.

4. Oktober

5. Oktober

Jeder Wellenschlag bringt ihnen neue Nahrung: Möwen am Darßer Weststrand

6. Oktober

7. Oktober

Viele markierte Wander- und Radwege führen durch den Darßer Wald an den Weststrand. Ein beliebter Rast- und Badeplatz ist der Ort, an dem der Müllerweg endet.

PREROW
WIECK
UND WANDERWEG
7 KM

8. Oktober

9. Oktober

Wege, die nicht für den modernen Verkehr geschaffen wurden: Lindenallee bei Kinnbackenhagen

10. Oktober

11. Oktober

Tagsüber halten sich die Kraniche zur Nahrungsaufnahme auf den abgeernteten Getreidefeldern der Festlandküste auf. Um sie von neu eingesäten Flächen fernzuhalten, praktiziert man an verschiedenen Stellen eine ablenkende Fütterung.

12. Oktober

13. Oktober

Dem Packeis im Winter 1996 erlegen, erfüllen die ausgemusterten Duckdalben nun an Land im Zingster Hafen die Funktion als Kunstobjekte.

WELLEN
ZU
ABER

14. Oktober

15. Oktober

Kapitänsbilder und Schiffsmodelle im Prerower Darß-Museum erinnern an die Zeit der Windjammer und lassen einen Hauch von Seefahrtromantik spüren.

Carl von Stralsund.

16. Oktober

17. Oktober

Der Sonnenuntergang an der Fischländer Küste lockt jeden Abend zahlreiche Zuschauer auf die Seebrücke von Wustrow.

18. Oktober

19. Oktober

Eine Kranichstaffel zieht über die Möweninsel Barther Oie in Richtung Festlandküste.

20. Oktober

21. Oktober

Blick in das Kirchenschiff und den Chorraum der Stadtkirche St. Marien in Barth. Die Neugestaltung des Innenraums sowie der Einbau des Altars mit Kruzifix und Ziborium erfolgte 1857 bis 1863 unter Leitung von Friedrich August Stüler in neugotischen Formen.

22. Oktober

23. Oktober

Beliebt bei Seglern: Der idyllisch gelegene Althäger Hafen ist Ausgangsort für Bootsausflüge auf dem Boddengewässer.

24. Oktober

25. Oktober

Dem Wanderer zu Fuß oder auf dem Rad stehen im Darßer Wald 36 markierte Wege zur Verfügung. Viele von ihnen enden an der Küste.

26. Oktober

27. Oktober

Sichtbarer Landzuwachs am Darßer Ort. Als dort 1848 der Leuchtturm gebaut worden war, stand er noch unmittelbar am Strand.

28. Oktober

29. Oktober

Viele Kiefern im Darßer Wald wurden früher zur Harzgewinnung angezapft. Die dabei entstandenen Stammwunden durch Entfernen der Rinde sowie die v-förmig eingekerbten Ritzen bleiben erhalten, so lange der Baum lebt.

30. Oktober

31. Oktober

Verlockend präsentiert: Auf dem Museumshof von Zingst befindet sich auch eine Bäckerei, die nach Rezepten aus Großmutters Zeit kerngesunde Köstlichkeiten zaubert wie etwa das Zingster Urbrot.

Brotstangen
1,85
verschiedene Sorten
Kornspitz
Zingster
URBROT
100% Roggen
1000g 2,65
das Bäckerteam
heißt Sie
herzlich
willkommen
unsere Empfehlung
Chococcino
1,80
Zitronen-
Limettenschleife
1,20
Donuts
1,-
Apfeltasche
1,35
Griess-Pudding
1,25
Apfel-
Schnitte 1,35
Domino-Ecke
1,50
Schnecken
1,-
Heidelbeer
Schnecke 1,20
Schürzkuchen
0,75
Spritzkringel
0,85
Berliner
mit Eierlikör
1,-

1. November

Ganz schön alt und schon ziemlich verwittert: Eine Tür in Born aus dem 19. Jahrhundert mit den traditionellen Darßer Motiven
Dramatische Stimmung im Althäger Hafen von Ahrenshoop im gleißenden Gegenlicht der aufsteigenden Sonne

2. November

3. November

Zu den außergewöhnlichen Ausstellungsstücken des Zingster Heimatmuseums gehört eine Wiege, die einem Baby während der verheerenden Sturmflut von 1872 das Leben gerettet hat.

4. November

5. November

Den Naturgewalten unterlegen: Nur noch ein von Sonne, Wind und Meer gebleichtes Skelett ist dieser Baum am Darßer Weststrand.

6. November

7. November

Die Kirche St. Marien ist der bedeutendste Bau der Stadt Barth. Sie gehört zum Typ der frühgotischen, dreischiffigen Hallenkirche, ihre ältesten Bauteile gehen auf das 12. Jahrhundert zurück.

8. November

9. November

Eingangstor zum ehemaligen Adligen Fräuleinstift in Barth. Die Inschrift verweist auf den Gründer König Friedrich I. von Schweden, der es 1733 bauen ließ. Ursprünglich stand auf diesem Gelände das 1315 vom letzten Rügenfürsten Witzlaw III. errichtete Schloss.

Torwärterhaus
1

10. November

11. November

Nur langsam kämpft sich die Sonne durch den Morgennebel über dem Prerower Strom. Der windungsreiche, flussartige Wasserarm war vor der Sturmflut von 1872 ein Seegatt, eine schiffbare Verbindung zwischen Bodden und Ostsee.

12. November

13. November

Wer in der Ostsee ein Binnenmeer mit mäßigem Temperament sieht, wird allzu oft eines Besseren belehrt. Die Statistik verzeichnet im Durchschnitt etwas mehr als zwei große Sturmfluten pro Jahr. Die schlimmste raste in der Nacht vom 12. auf den 13. November 1872 über die südliche Ostseeküste, bei der das Fischland durch einen 15 Meter breiten Spalt vom Festland getrennt wurde.

14. November

15. November

Durchziehende Gäste: Auf ihrer Herbstreise von Nord- und Osteuropa in die südlichen Überwinterungsgebiete legen Jahr für Jahr bis zu 70 000 Kraniche im Gebiet des Nationalparks eine sechs- bis achtwöchige Rast ein.

16. November

17. November

Zeesenboote im Althäger Hafen. Wenn die ganz aus Holz gebauten Traditionssegler während der Regatten in großer Zahl zusammentreffen, geben sie ein einheitliches Erscheinungsbild ab. Obwohl immer noch Boote aus jener Zeit existieren, als mit ihnen gefischt wurde, gibt es heute kaum eines, das im Original erhalten geblieben ist.

18. November

19. November

Das Wetter und die spiegelnde Fläche des ruhigen Boddensees zaubern mit den Gestaltungsmitteln Licht und Farbe ein impressionistisches Bild – wie gemalt. Himmel und Wasser verschmelzen hier zu einer Einheit.

20. November

21. November

Maritime Motive schmücken die Grabsteine alter Seefahrergräber, die an der Prerower Kirche aufgestellt sind. Manche davon stammen aus dem 18. Jahrhundert.

22. November

23. November

Vier Engelhermen tragen das Dach der reich verzierten Taufkapelle in der Seemannskirche von Prerow. Das spätbarocke Werk wurde 1740 hergestellt und 1753 farblich ausgestaltet.

24. November

25. November

Ein Novembermorgen am Bodden nahe der Meiningenbrücke. Nur mühsam kämpft sich die Sonne durch eine Wolkenbank, am Himmel eine Schar Gänse, die unterwegs ist zu den abgeernteten Feldern.

26. November

27. November

Blick in die 123 Bücher umfassende Privatbibliothek des Barther Reformators Johannes Block (geb. ca. 1480–gest. 1545), die im Niederdeutschen Bibelzentrum St. Jürgen in Barth ausgestellt ist

Fol. Lit. B. 15.
Fol. Lit. B. 17.
Fol. Lit. B. 22.
Fol. Lit. B. 23.
Fol. Lit. B. 24.

28. November

29. November

In den Alkoven dieser Kapitänswohnung ließ sich bestimmt gut schlummern. Das Heimatmuseum in Zingst zeigt, wie Menschen vor etwa hundert Jahren gelebt haben.

30. November

Blick vom Wustrower Kirchturm über die Dächer auf die Landenge zwischen Ostsee und der Permin-Bucht. „Das Entrückte, das dem Fischland in den seltenen Stunden eigen ist, zu denen einmal nichts geschieht, weil ein Wintermorgen den Atem anhält, ... diese überirdische Schönheit steht für mich immer in Verbindung mit jener alten, in sich ruhenden Fischlandwelt“, schrieb die Heimatschriftstellerin Käthe Miethe.

1. Dezember

Die 1931 in der Werkstatt Roloff hergestellte Tür des ehemaligen Gemeindeamts von Prerow zeigt die traditionellen Schmuckelemente.
Mit vielen verschiedenen Schnitzeisen arbeitet der Prerower Kunsttischler René Roloff an einem Tulpenornament, das später eine Darßer Tür schmücken wird. Manch eines seiner Werkzeuge ist schon vor mehr als hundert Jahren in Gebrauch gewesen.

2. Dezember

3. Dezember

Farbenfroh hebt sich dieses Haus in Ahrenshoop von der winterlichen Monotonie ab.

8

4. Dezember

5. Dezember

Das Deutsche Bernsteinmuseum in Ribnitz-Damgarten ist in den Nebengebäuden der ehemaligen Klosterkirche des Klarissenordens untergebracht. Es verfügt über die bedeutendste Bernsteinsammlung Deutschlands.

6. Dezember

7. Dezember

Ausstellungsstück im Deutschen Bernsteinmuseum von Ribnitz-Damgarten. Die Kette ist die Nachbildung eines Fundes aus dem 12. bis 11. Jahrhundert v. Chr.

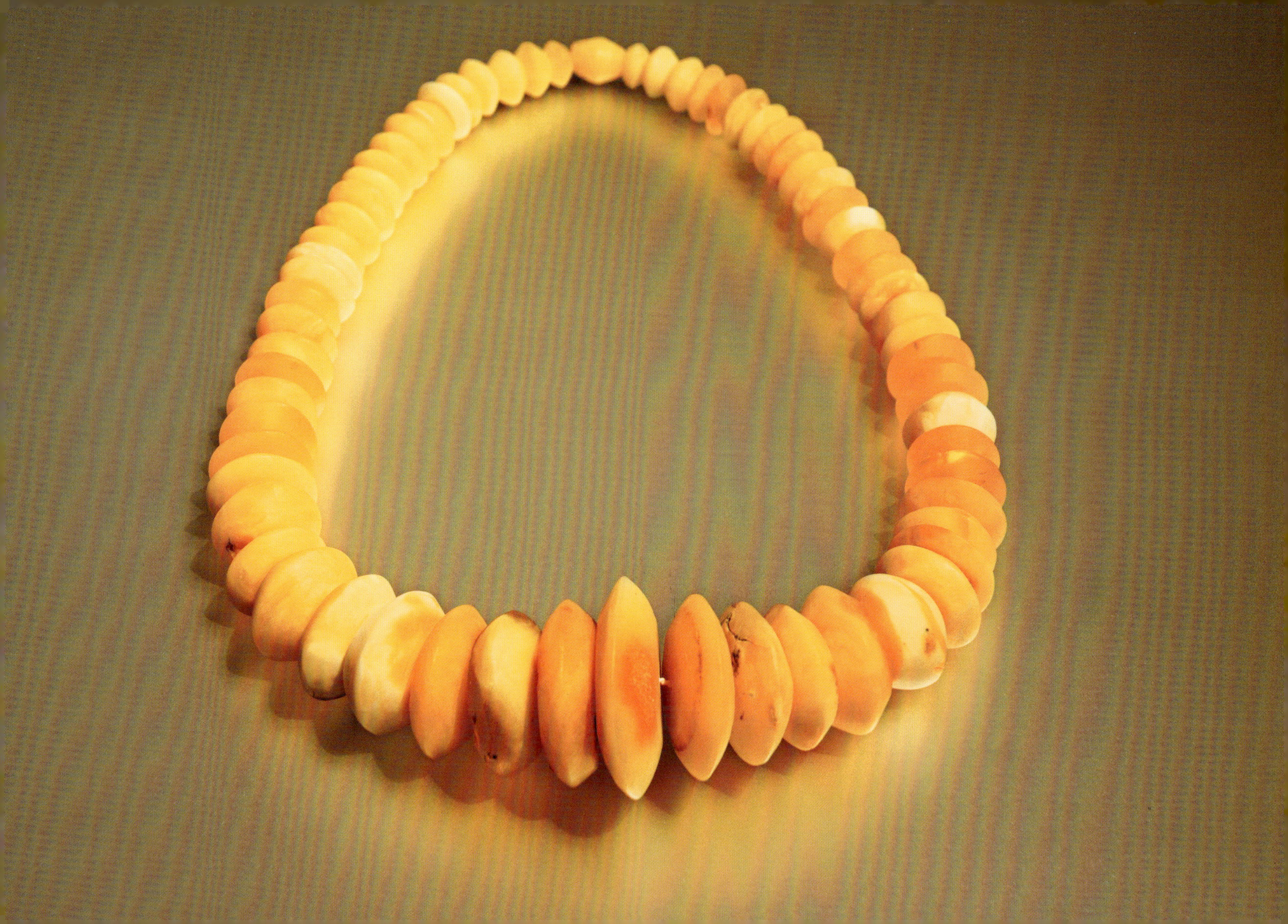

8. Dezember

9. Dezember

Winterlandschaft am Schifferberg in Ahrenshoop. Obwohl die pleistozäne Erhebung nur knapp 15 Meter hoch ist, bietet sie in der sonst flachen Landschaft hübsche Ausblicke.

10. Dezember

11. Dezember

Zum Wandschmuck der Seemannskirche von Prerow gehört ein Bild zum Gedenken an einen Schiffbruch im Jahre 1690, das in seiner Art sehr sonderbar wirkt. Auf dem Rahmen liest man die Zeilen: „Muß gleich mein junger Leib in tieffer See ertrincken, läßt dieser Ancker doch die Seele nimmer sincken.“

Muß gleich mein Junger Leib in tieffer See ertrincken,
Läst dieser Ancker doch die Seele nimmer sincken,
d. 13. Decembr. 1690. ist bey dem Zingst mit einer kleine Schute
gestrandet Schiffer Johan Heinrich Bechel von Copenhagen von Gottlandt
mit Kalck. beladen wovon nichts geborgen, der SteverMann ein boosßkne-
cht und Junge sein Salviret und einige wenige Schiffsgeräthschafft. gerettet, alß
hat des im Strande geblieben Schiffers Vater Hanß Heinrich Bechel
von Copenhagen, dem damahligen Ambts Inspector in Barth Herr Christian
Müllern Committiret, die geborgene gerethschafft zu verkauffen und was am
gelde wan die andern auffgegangene unkosten davon bezahlet übrig bleiben würde, solches an
die Kirche woselbsten der Sehl: Schiffer begraben, zu geben, ist dero wegen dieses Gott zu Ehren,
zum ziehrath der Kirchen, und des Sehl: Schiffers angedencke davon gemachet worden;

12. Dezember

13. Dezember

„Haus Morgensonne“ bildet den Mittelpunkt des Museumshofs in Zingst. Ein Gang durch die kleinen Ausstellungsräume des ehemaligen Kapitänshauses von 1867 ist wie eine Zeitreise durch die Geschichte, bei der die Besucher einen Einblick in das häusliche, wirtschaftliche und maritime Leben der Vergangenheit bekommen.

Haus Morgensonne

14. Dezember

15. Dezember

Abenddämmerung am Darßer Weststrand. Nur noch als schwarze Silhouetten, gleich einem kunstvollen Scherenschnitt, heben sich die Buchenstämme vom Hintergrund des verlöschenden Sonnenlichts ab.

16. Dezember

17. Dezember

In der Kapitänsetage des Zingster Heimatmuseums erinnern Schiffsbilder und ein Modell der Viermastbark „Pommern“ des Kapitäns Willy Knull sowie andere maritime Ausstellungsstücke an die Blütezeit der heimischen Seefahrt.

POMMERN

18. Dezember

19. Dezember

Blick zurück von der Seebrücke des Ostseeheilbads Zingst auf das festlich beleuchtete Kurhaus. Auf der Brücke sind Werke des Holzbildhauers Roland Lindner ausgestellt, im Vordergrund die Skulptur „Liebe“.

20. Dezember

21. Dezember

Nach dem Brand von 1869 erhielt das Zentrum von Wustrow durch Neubauten einen kleinstädtischen Charakter. Doch immer noch gibt es entlang der Hauptstraße vereinzelt Häuser, die an die traditionelle Bauweise des Fischlands erinnern.

24

22. Dezember

23. Dezember

Cherubköpfchen schmücken den Rand des Taufbeckens in der Seefahrerkirche von Prerow.

24. Dezember

25. Dezember

Ein festlich geschmückter Weihnachtsbaum erstrahlt vor dem ehemaligen Gebäude des Warmbads im Ostseeheilbad Zingst.

26. Dezember

27. Dezember

Die ehemalige Hospitalkirche St. Jürgen aus dem 14. Jahrhundert ist ein bauhistorisches Kleinod am Rand der Altstadt von Barth. Heute wird das Gebäude für Ausstellungen und Projekte des Niederdeutschen Bibelzentrums St. Jürgen genutzt. Ein Raum der Ruhe ist die Kapelle mit ihren mittelalterlichen Wandmalereien.

28. Dezember

29. Dezember

Die in niederdeutscher Sprache verfasste Barther Bibel wurde Ende des 16. Jahrhunderts in der hofeigenen Druckerei des Pommernherzogs Bogislaw XIII. (1544–1606) in Barth hergestellt. 90 Holzstiche illustrieren das Werk.

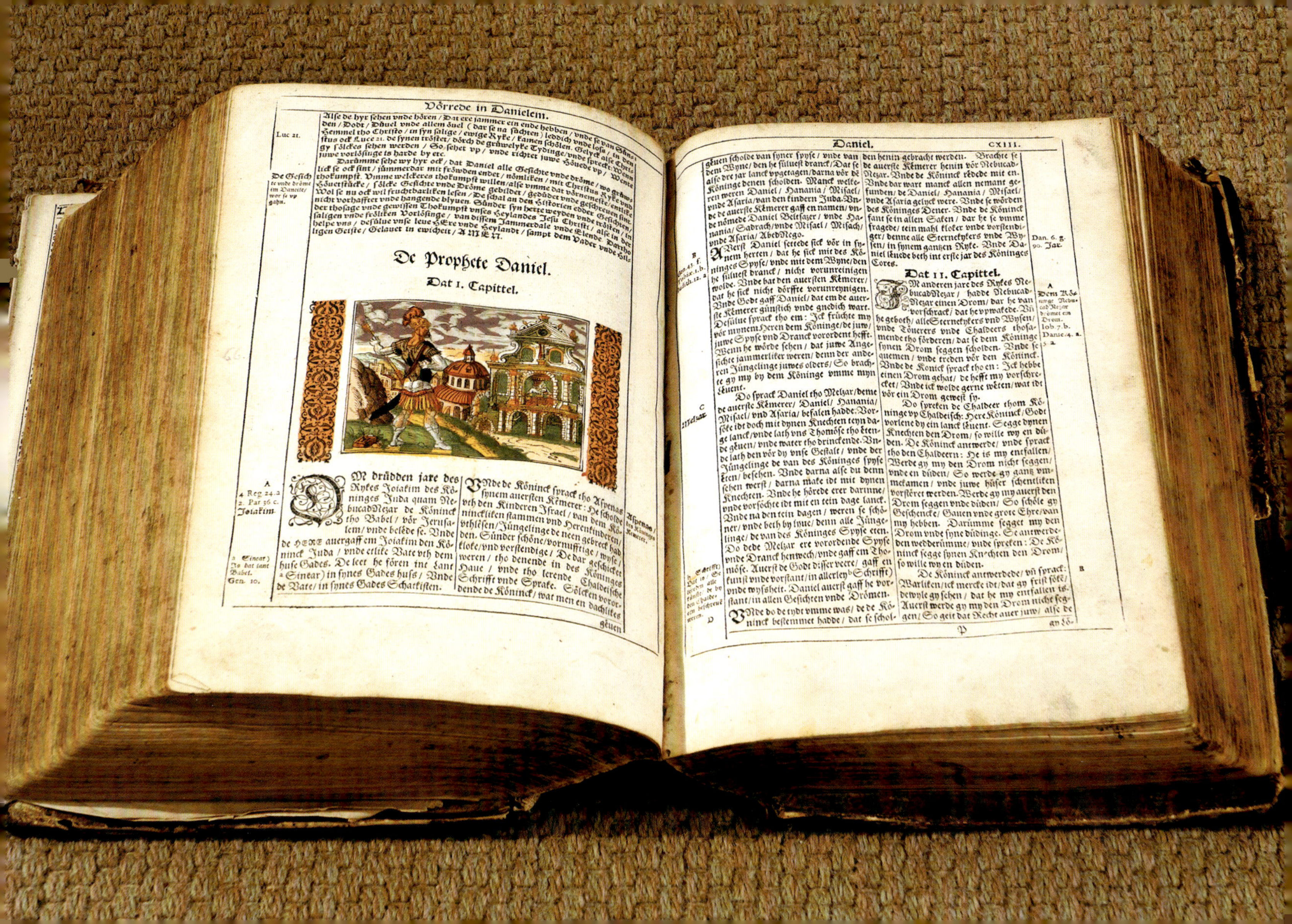

Vörrede in Danielem.

De Prophete Daniel.

Dat I. Capittel.

IM drüdden jare des Rykes Joiakim des Köninges Juda quam Nebucad Nezar de Köninck tho Babel / vör Jerusalem / vnde belede se. Vnde de HERE auergaff em Joiakim den Köninck Juda / vnde etlike Vate vth dem huse Gades. De leet he fören int Lant (Sinear) in synes Gades hus / Vnde de Vate / in synes Gades Schatkisten.

Daniel. CXIII.

Dat II. Capittel.

30. Dezember

31. Dezember

Die Ostsee am Darßer Weststrand. Kurz bevor die Sonne ins Meer taucht, mobilisiert sie noch einmal ihre Kräfte und lässt den Horizont in allen Farbschattierungen zwischen Rot und Gelb aufflammen.

Impressum

Bibliografische Information der Deutschen Nationalbibliothek
Die Deutsche Nationalbibliothek verzeichnet diese Publikation in der Deutschen Nationalbibliografie; detaillierte bibliografische Daten sind im Internet über http://dnb.d-nb.de abrufbar.

ISBN 978-3-8319-0436-5

Fotos und Texte: Georg Jung, Hamburg außer 24./25. und 26./27. Februar: René Roloff, Prerow
Gestaltung: Büro Brückner + Partner, Bremen
Lithografie: SMS Scheer Medien Service GmbH, Bremen
Gesamtherstellung: DZA Druckerei zu Altenburg GmbH, Altenburg

Bitte beachten Sie auch unsere Internetseite www.ellert-richter.de

Georg Jung, geboren 1945 im Sudetenland, lebt als freier Reiseschriftsteller und Fotograf in Hamburg. Ausgedehnte Reisen in Europa, Neuseeland/Polynesien und Alaska. Veröffentlichungen von Reiseberichten und Bildbänden. Im Ellert & Richter Verlag erschienen bereits unter anderem seine Bildreisen „Auf den Spuren von Johann Sebastian Bach“, „Der Harz“, „Der Darß, Fischland und Zingst“ sowie der Bildband „Das große Rügen-Buch“.

Danksagung
Verlag und Fotograf danken allen, die durch Fotografiergenehmigungen, sachliche Hinweise und Bereitstellung von Informationen bei der Arbeit an dem vorliegenden Werk eine wertvolle Hilfe waren. Im Besonderen:
Dr. Gerd Albrecht, Vineta-Museum der Stadt Barth; Anne Burkhardt, Kur- und Tourismus GmbH Zingst; Ulf Erichson, Deutsches Bernsteinmuseum Ribnitz-Damgarten; Antje Hückstädt, Darß-Museum, Prerow; Bernd Koppehele, Museumshof Zingst; Johannes Pilgrim, Niederdeutsches Bibelzentrum St. Jürgen in Barth; René und Dirk Roloff, Kunsttischlerei in Prerow